CONCOURS
DE L'ÉCOLE
DES
BEAUX-ARTS
(MÉDAILLES ET MENTIONS)

Dessinés d'après les originaux, par

J. BOUSSARD
ARCHITECTE, ANCIEN ÉLÈVE DE L'ÉCOLE DES BEAUX-ARTS

Gravés à l'eau-forte par

J. BOUSSARD ET A. GUILLAUMOT FILS

PREMIÈRE SÉRIE

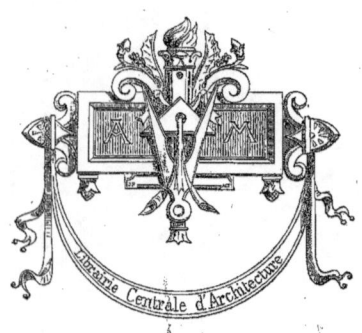

PARIS
Vᵉ A. MOREL ET Cⁱᵉ, ÉDITEURS
13, RUE BONAPARTE, 13

M DCCC LXXIV

CONCOURS

DE L'ÉCOLE

DES BEAUX-ARTS

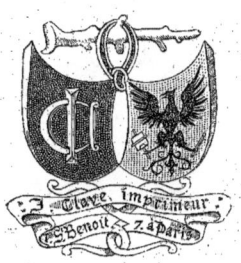

CONCOURS
DE L'ÉCOLE
DES
BEAUX-ARTS
(MÉDAILLES ET MENTIONS)

Dessinés d'après les originaux, par

J. BOUSSARD
ARCHITECTE, ANCIEN ÉLÈVE DE L'ÉCOLE DES BEAUX-ARTS

Gravés à l'eau-forte par

J. BOUSSARD ET A. GUILLAUMOT FILS

PREMIÈRE SÉRIE

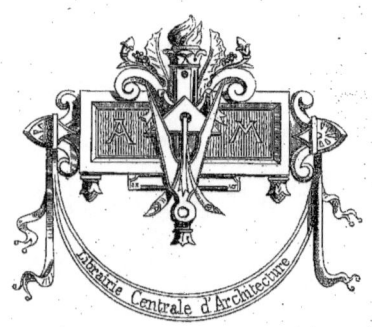

PARIS
Vᵉ A. MOREL ET Cⁱᵉ, ÉDITEURS
13, RUE BONAPARTE, 13

M DCCC LXXIV

PRÉFACE

Les travaux d'architecture constituant la base des études données aux élèves-architectes des ateliers de l'École des Beaux-arts appartiennent à deux catégories bien distinctes : 1° *Études sur rendu,* 2° *Études sur esquisses;* et pour bien faire comprendre l'intérêt de premier ordre qui s'attache à cette publication, il est nécessaire de donner à nos lecteurs quelques détails sur ces différents travaux et d'en expliquer le mécanisme.

ÉTUDES SUR RENDU : Enfermés dans la salle des loges, de neuf heures du matin à huit heures du soir, et sans communications avec l'extérieur, les élèves ont à faire l'esquisse sommaire, au trait de plume, de programmes assez vastes où le parti des plans et façades doit être suffisamment indiqué pour que les modifications apportées par les études ultérieures ne portent que sur l'agencement des détails : d'après cette esquisse, dont ils gardent seulement un calque, les élèves ont à étudier leur projet pendant six semaines, et à le dessiner et rendre à l'effet pour l'époque fixée.

ÉTUDES SUR ESQUISSES : Le mécanisme de ce concours est exactement le même que le précédent, avec cette modification que les programmes donnés en concours ne portent que sur des œuvres trop peu importantes pour nécessiter des études ultérieures. En conséquence, le projet doit être dessiné et lavé dans la journée pour être exposé et jugé avec le *rendu* du mois.

Le premier de ces concours, rapporté par l'élève à l'atelier, subit de nombreuses transformations sous l'influence des professeurs et des anciens de l'atelier qui donnent le pas et guident les études de l'ensemble des élèves; les dessins exécutés avec soin et lavés à l'effet constituent les éléments de brillantes expositions publiques.

Notre œuvre, à nous, s'attachant au plus modeste de ces deux concours, dit *esquisse de douze heures*, essayera de restituer à ces dessins le cadre qui leur manque; en effet, ces travaux étant modestement exposés sans cadre ni châssis, et leur exécution comme dessin et *rendu*, n'ayant ni la rectitude ni le soin des autres concours, laissent passer indifférents : public, critiques, architectes et quelquefois les concurrents mêmes. Mais la mise en œuvre de cette publication présentait de sérieuses difficultés, tout dans ces projets n'étant qu'indications où l'habileté du rendu masque le défaut d'études dans l'architecture : aussi était-il absolument impossible de graver ces dessins à une grande échelle, il fallait de toute nécessité retrouver dans l'interprétation des planches l'indication sommaire des originaux. Nous avons donc adopté pour l'échelle de nos gravures, des dimensions qui répondent directement à ces données et où le *tracé* de l'architecture est en quelque sorte le *fac-simile* du *faire* de l'original.

Restait une grave question à résoudre, celle de l'indication des fonds et paysages qui enveloppent l'esquisse; car on sait qu'il est de convention à l'École de faire du paysage perspectif, tout en laissant à l'architecture sa forme géométrale. Cette convention, fausse en principe, a toutefois l'immense avantage de laisser au monument ses véritables dimensions, et de respecter le milieu esthétique dont les grandes lignes ont influé sur l'étude de son architecture. Nous ajouterons, en outre, que la petite échelle de ces études justifie presque une pareille convention : en effet, si nous supposons le point central de perspective au centre de la composition et les points de concours à l'infini, la perspective résultant de ce cas particulier donne, pour un monument à une petite échelle, un dessin perspectif différant bien peu du dessin géométral; et si le paysage est exécuté en tenant compte de ce cas particulier, notre convention sera bien près de la réalité. On a reproché et beaucoup de maîtres reprochent encore aujourd'hui *le faire de ce rendu* en arguant que le paysage vient nuire à l'architecture, ou bien encore que l'œil s'égare sur les accessoires au détriment du principal. Nous croyons, nous, que l'architecte doit tenir compte, dans ses créations, des grandes lignes de l'horizon pour tracer les grandes lignes de son architecture, et des accidents du site pour l'orientation de son plan, et que séparer un monument, dans la reproduction en gravure, de l'emplacement qu'il occupe, constitue un anachronisme, puisque sa conception a été subordonnée à cet emplacement. Lutter contre un tel fait est le but que nous avons poursuivi depuis plusieurs années et que nous poursuivons avec cet ouvrage dans lequel nous avons pu mettre, nous-même, en œuvre notre principe. Après de longues études d'après les vieux maîtres graveurs du XVIIIe siècle, nous avons acquis assez d'habileté pour risquer le grand jour et la critique qui nous pardonneront notre témérité en faveur des documents inédits que nous faisons connaître. En effet, remontant aux générations qui nous ont précédés, nous avons pu constituer une collection des plus curieuses au point de vue biographique et qui pourra servir à l'étude de la transformation et des progrès de notre École nationale d'Architecture. Dans ce but, nous avons eu bien soin de ne choisir que des œuvres mentionnées et médaillées par le Jury, afin de conserver à la publication la note vraie du niveau des études de chaque génération.

En attirant sur les travaux de l'École des Beaux-Arts l'attention du public, puisse cette publication faire rendre aux jeunes artistes qui fréquentent ses ateliers la part d'estime et de confiance à laquelle ils ont droit dans la vie.

Paris, juin 1874.

J. BOUSSARD.

CONCOURS
DE
L'ÉCOLE DES BEAUX-ARTS

PREMIÈRE SÉRIE

ESQUISSES DE DOUZE HEURES

PROGRAMMES ORIGINAUX.

(Toutes les échelles indiquées sont celles des programmes originaux.)

PLANCHE I. — FRONTISPICE POUR UN OUVRAGE D'ARCHITECTURE.

M. JULIEN (1867).

Ce frontispice appartient à la catégorie des travaux extra-réglementaires destinés aux expositions de fin d'année.

Le programme que s'était donné M. Julien avait pour but d'assembler des morceaux d'architecture et de sculpture de la Renaissance française pour servir de frontispice à un ouvrage sur cette période de l'art.

NOTA. *Rien n'a été changé aux dessin et rendu originaux.*

PLANCHES II ET IV. — UN CAMPANILE OU TOUR POUR LES CLOCHES.

M. GUADET (1858).

Cette tour, qui serait le complément d'une église paroissiale du premier ordre, serait isolée et placée soit devant l'église, soit derrière, soit encore sur le côté comme le campanile de Sainte-Marie-des-Fleurs, à Florence.

Elle comprendra, dans sa partie intérieure, une salle où tomberaient les cordes pour les petites sonneries et un ou plusieurs escaliers. Dans sa partie supérieure, un ou deux étages pour les grosses et les petites cloches. Un ou plusieurs cadrans seront placés sur les façades. La hauteur du campanile sera de 50 mètres, et son style devra s'harmoniser avec celui de l'église, lequel est de l'époque de la Renaissance.

On fera un plan de l'étage inférieur et un plan de l'étage supérieur à l'échelle de $0^m,0025$, l'élévation au double.

Nota. *Le paysage a été entièrement refait.*

Planches III et IV. — Un monument a Nicolas Poussin.

M. Ch. Duprez (1860).

Ce monument érigé à la mémoire du grand peintre français serait placé dans un enclos planté d'arbres variés, sur le penchant d'une colline au bord de la Seine, près des Andelys.

Son motif principal serait une statue élevée sur un piédestal et convenablement abritée. Le mur d'enceinte de l'enclos serait relié à une petite habitation de deux ou trois pièces pour un gardien, et à un petit portique, lieu de repos pour les personnes qui viendraient visiter le monument.

La pente du terrain serait de 0,40 à 0,50 par mètre ; sa plus grande dimension n'excédera pas 30 mètres. On fera le plan général sur une échelle de 0,005 pour mètre et une élévation de la partie centrale dans une largeur d'environ 15 mètres sur une échelle de 0,015 pour mètre.

Nota. Nicolas Poussin naquit aux Andelys au mois de juin 1594, et mourut à Rome le 19 novembre 1665, à l'âge de soixante-douze ans.

Nota. *Bien que très-habilement rendus, les fonds ont dû être refaits entièrement, ceux indiqués se prêtant peu au travail de l'eau-forte.*

Planches V et VI. — Un pont sur un chemin de fer.

M. E. Vaudremer (1852).

Ce pont, qui réunirait les deux parties d'un jardin d'agrément coupé par une ligne de chemin de fer, couvrirait une double voie et aurait 12 mètres de largeur entre ses deux culées.

Construit dans le but d'ajouter aux charmes du jardin, il serait surmonté d'un ou deux pavillons placés sur son milieu ou à ses extrémités, ou encore d'une galerie qui, ainsi que les pavillons, serait disposée de manière à ce qu'on pût, de l'intérieur, voir passer les convois.

On fera, pour les esquisses, le plan avec les abords du jardin et une coupe à l'échelle de 0,005, l'élévation au double.

Nota. *L'ensemble du rendu a été respecté.*

ESQUISSES DE DOUZE HEURES.

Planches VII et VIII. — Un monument votif.

M. Vignol (1854).

On suppose que trois voyageurs : un astronome, un homme de lettres et un capitaine, après avoir échappé à un naufrage, veulent consacrer le rocher désert sur lequel ils ont trouvé leur salut par un monument de pieuse reconnaissance.

A cet effet, le monument à projeter, en partie taillé dans le roc, se composera d'une petite chapelle à Notre-Dame de Bon-Secours, dans laquelle seraient des tables où les voyageurs qui visiteraient ce lieu pourraient inscrire leurs noms, et au-dessus d'une partie élevée de manière à être aperçue de la mer et indiquer par ses formes et par ses attributs le caractère de chacun des naufragés, comme aussi à rappeler l'événement qui détermina sa construction.

La dimension du terrain est à volonté. Plan et coupe à 0,005, élévation au double.

Nota. *L'ensemble du rendu a été respecté.*

Planche IX. — Un arc d'honneur.

M. Davioud (1845).

En tête d'un pont d'une colonie agricole.

Nota. *Le programme n'a pu être retrouvé.*

Planches X et XI. — Un exèdre joint a une salle de billard.

M. Paulin (1867).

On appelle exèdre une construction disposée pour la conversation, garnie de sièges, et ouverte de manière qu'on puisse, du lieu où l'on converse, jouir en même temps de la vue de l'extérieur.

L'ensemble proposé d'un exèdre et d'une salle de billard serait une dépendance d'une maison de plaisance au corps de laquelle il se rattacherait par une communication couverte.

La plus grande dimension de l'exèdre et de la salle de billard n'excédera pas 15 mètres, non compris les degrés et empattements qui pourront en dépendre.

On rendra compte par arrachements, et en dehors de la dimension susdite, de la galerie de communication dans une longueur de 4 à 5 mètres. Plan à 0,005, élévation et coupe au double.

Nota. *Les fonds ont été entièrement refaits.*

Planches XII et XIII. — Une fontaine.

M. Ancelet (1848).

Cette fontaine, qui est supposée devoir être érigée sur une des routes de nos possessions d'Afrique, sera principalement caractérisée par les dispositions que commande un climat brûlant.

Elle serait située dans une oasis de palmiers, d'orangers, de citronniers, de myrtes, et offrirait aux voyageurs et à leurs montures l'ombre pour le repos, l'eau pour la soif. Un ou plusieurs robinets seraient destinés aux hommes et les abreuvoirs des montures seraient alimentés par un ou plusieurs autres.

La plus grande dimension des constructions n'excédera pas 20 mètres. Plan et coupe à 0,005, élévation au double.

Nota. *Les fonds ont été entièrement refaits.*

Planches XIV et XV. — Une École primaire.

M. Pamard (1868).

Cet édifice serait construit sur un terrain isolé de trois côtés; le côté de l'entrée serait sur la place publique d'une petite ville, les deux autres côtés sur deux rues aboutissant à cette place. Il peut être à deux étages et il comprendra :

Une salle d'école ou classe pour 100 élèves, d'au moins 100 mètres de superficie; un préau découvert, des latrines, etc., un dépôt de livres et un dépôt de paniers; enfin, un petit logement pour le maître et sa famille.

La largeur du terrain en façade sur la place n'excédera pas 20 mètres; sa profondeur est indéterminée. Plan et coupe à 0,005; élévation au double.

Nota. *Les fonds ont été entièrement refaits.*

Planche XVI. — Une Chapelle sur une grande route.

M. Maupas (1867).

Cette chapelle, dédiée à Notre-Dame de Bon-Secours, serait peu considérable par elle-même, en ce qu'elle se composerait seulement d'un petit sanctuaire capable de contenir l'autel et le prêtre desservant; mais elle prendrait son importance d'un large portique qui formerait un abri pour les voyageurs et où se tiendrait le public pour assister à l'office qui aurait lieu une fois par an, à la fête de la Vierge.

La plus grande dimension n'excédera pas 15 mètres. Plan et coupe à 0,005; élévation au double.

Nota. *Le rendu de cette esquisse a été respecté entièrement.*

Planches XVII et XVIII. — Salle a manger d'été.

M. Pamard (1868).

Cette salle à manger serait située au milieu d'une plantation de hautes futaies ; elle s'élèverait au-dessus d'un soubassement formant terrasse, dans une partie duquel serait un office avec ses dépendances. La salle peut être seule ou accompagnée d'annexes et avoir telles dispositions particulières qu'on jugera propres à l'agrément, à la commodité et à la solidité.

La terrasse, à laquelle on parviendrait par des rampes ou des escaliers, pourrait être ornée de fontaines, de statues, etc.

La plus grande dimension de la salle, intérieurement, n'excédera pas 8 mètres.

On fera le plan au niveau du sol inférieur du soubassement, un plan général au niveau de la salle et une coupe à l'échelle de 0,005 pour mètre ; enfin une élévation générale au double.

Nota. *Les fonds ont dû être refaits complétement.*

Planches XIX et XX. — Un Rendez-vous de chasse.

Baltard (1827).

Nous n'avons pu retrouver aucune trace du programme de cette esquisse qui fait partie de la collection conservée à la bibliothèque de l'École des Beaux-Arts.

Nota. *L'ensemble du rendu a été conservé.*

Planches XXI et XXII. — Un Pavillon de bains.

M. Lambert (1872).

Ce pavillon, situé dans un parc à proximité d'une riche habitation de plaisance, serait tout à la fois un lieu d'utilité et d'agrément. Il se composerait de six à huit cabinets de bains, moitié pour chaque sexe ; de deux piscines dans chacune desquelles trois ou quatre personnes pourraient se baigner ensemble, et de deux salons-galeries communs également, où l'on pourrait se retirer pour jouir de la fraîcheur des bosquets et du mystère qui environnerait ce petit édifice.

A chaque cabinet de bains serait annexée une petite pièce avec lit de repos.

La plus grande dimension du terrain occupé par les constructions n'excédera pas 25 mètres.

Plan et coupe à 0,005, élévation au double.

Nota. *Le rendu a été entièrement conservé.*

Planches XXIII et XXIV. — Une fontaine d'eaux minérales.

M. Moyaux (1858).

Cette fontaine, située dans les montagnes, à quelque distance d'un établissement sanitaire dont elle pourrait être considérée comme une dépendance, offrirait un but de promenade, un lieu de repos et de réunion à l'usage des buveurs d'eau.

La source jaillirait dans une salle dont les dispositions et la décoration seraient en rapport avec sa destination.

Cette salle principale, propre à la réunion d'environ trente personnes, serait accompagnée de deux petites pièces de service et précédée d'un portique avec exèdre. Le trop-plein de la fontaine intérieure donnerait motif à une petite fontaine extérieure, en avant du portique.

La forme et l'étendue du terrain sont indéterminées.

Nota. *Les fonds ont été entièrement refaits.*

Planche XXV. — Une fontaine publique et une aiguade sur un port de la Méditerranée.

M. Viennois (1869).

Une aiguade est un lieu où l'on fait provision d'eau douce pour les navires. Elle doit être rapprochée d'un fond accessible aux chaloupes, et même l'eau peut y être reçue dans des tonnes sans qu'il soit besoin de débarquer.

Une fontaine publique, réunie à une aiguade pour les besoins d'une ville et d'un fort, située entre un bassin du port et une place de la ville, doit donner motif à un monument intéressant pour l'un et pour l'autre, sous le double rapport de son utilité et de la beauté de son aspect. A quelque ordre d'idée ou de traits qu'appartienne le motif de la décoration de ce monument, les bassins et les chutes d'eau devront être disposés en vue des besoins à satisfaire.

Échelle du plan : 0,005; élévation, 0,015.

Nota. *Bien qu'habilement rendus, les fonds de cette esquisse ont dû être refaits.*

Planche XXVI. — Une colonne rostrale.

M. H. Mayeux (1869).

Ce monument, à l'instar des colonnes rostrales des Romains, serait érigé en commémoration d'une grande victoire navale.

La statue allégorique de la France ou celle de l'amiral commandant la flotte victorieuse surmontera le chapiteau. Le fût sera orné de proues de vaisseaux, de bas-reliefs, d'attributs, etc.

Le piédestal portera l'inscription.

On fera la moitié du plan et l'élévation à 0,10 pour mètre.

NOTA. *Les fonds ont été entièrement refaits.*

PLANCHES XXVII ET XXIX. — L'ENTRÉE D'UN HIPPODROME.

M. PAULIN (1870).

Cette entrée d'un hippodrome à nos usages, de construction solide, se composerait d'un vestibule contenant les bureaux pour la distribution des billets et le dépôt des caisses, d'un second vestibule où se trouveraient le contrôle et les entrées aux gradins inférieurs, ainsi que les escaliers donnant accès aux gradins supérieurs, et une loge ouverte formant couronnement sur l'entrée. Le terrain est indéterminé.

On fera le plan et la coupe, dans lesquels seront compris les escaliers avec arrachements des gradins, à l'échelle de 0,005, élévation au double.

NOTA. *L'ensemble du rendu a été respecté.*

PLANCHES XXVIII ET XXIX. — UN SIÉGE ÉPISCOPAL DANS LE CHŒUR D'UNE CATHÉDRALE.

M. TH. DAUPHIN (1873).

Dans la primitive église, les siéges réservés aux évêques étaient en marbre et décorés de matières précieuses et de riche mosaïque. Leur place était au fond du chœur. Dans quelques beaux exemples du moyen âge et de la Renaissance, nous voyons ces siéges former l'extrémité d'un défilé de stalles; ils sont alors, le plus souvent, en bois sculpté; on les trouve en outre, quelquefois, rehaussés d'incrustations et de dorures. En un mot, à toutes les époques ces meubles ont eu dans les chœurs des églises une grande importance par leurs richesses et leurs positions.

La dimension du siége à projeter est indéterminée; l'échelle pour le plan et la coupe sera de $0^m,025$ pour mètre et l'élévation au double.

PLANCHE XXX. — DÉCORATION D'UNE CHEMINÉE.

MANSARD (1700).

Cette esquisse porte en marge, de la main même de Mansard, cette annotation :

« Livre nouveau, de cheminées à la mode inventée par M. Mansard architecte, exécuté à Trianon. »

PLANCHES XXXI ET XXXIII. — UN ABREUVOIR.

ACHILLE LECLÈRE (1807).

Le programme n'a pas été conservé à la bibliothèque.

NOTA. *Le rendu a été presque complétement conservé.*

PLANCHES XXXII ET XXXIII. — PUITS MITOYEN ENTRE UN JARDIN BOTANIQUE ET UN POTAGER.

M. E. GILBERT (1817).

Le programme n'a pas été conservé à la bibliothèque. Nous avons laissé à l'esquisse ses dimensions originales et son rendu.

PLANCHES XXXIV ET XXXV. — UNE VOLIÈRE DANS UN JARDIN D'HIVER.

M. DIET (1854).

En raison de la douceur de la température du jardin, cette volière, l'un de ses principaux ornements, serait destinée à recevoir des oiseaux des cinq parties du monde, ce qui motiverait dans la volière un nombre correspondant de divisions dans chacune desquelles se trouveront des bassins pour les poissons curieux.

Le tout sera accompagné de jets d'eau, de fleurs et d'objets d'art, et devra être d'un aspect piquant et agréable. La plus grande dimension de l'espace réservé à la volière sera de 15 mètres, non compris les entourages.

On fera le plan et la coupe à l'échelle de 0,0075, élévation au double.

PLANCHE XXXVI. — UNE FONTAINE A CÉRÈS.

LEBAS (1802).

L'esquisse originale dont nous avons conservé les dimensions, sans aucune réduction, porte seulement cette indication : l'élévation sur une échelle de 6 millimètres, le plan et la coupe de la fontaine sur une échelle de 3 millimètres et le plan général de la salle sur une échelle de 001 par mètre.

Il n'existe plus d'autre programme.

NOTA. *Les fonds ont été complétement créés.*

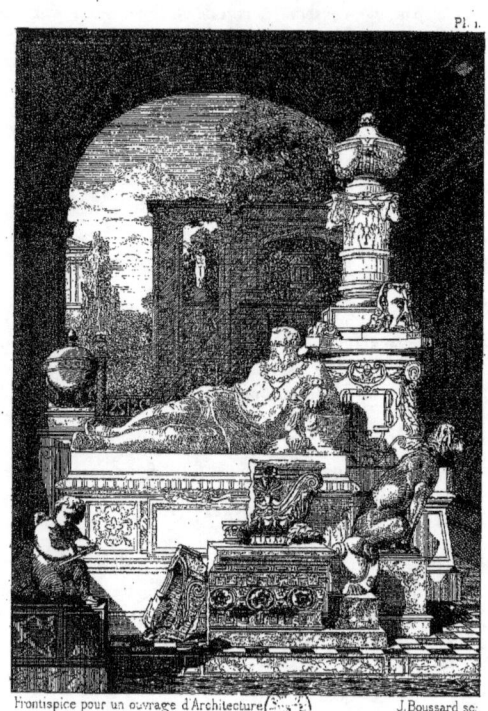

Frontispice pour un ouvrage d'Architecture.   J. Boussard sc.

M. JULIEN (1867).

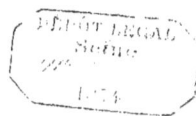

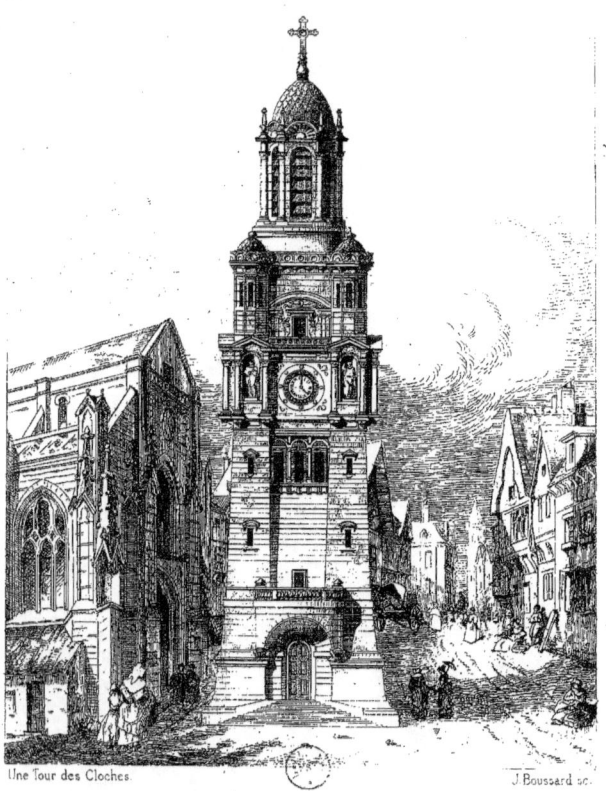

Une Tour des Cloches.   M. GUADET (1858).   J. Boussard sc.

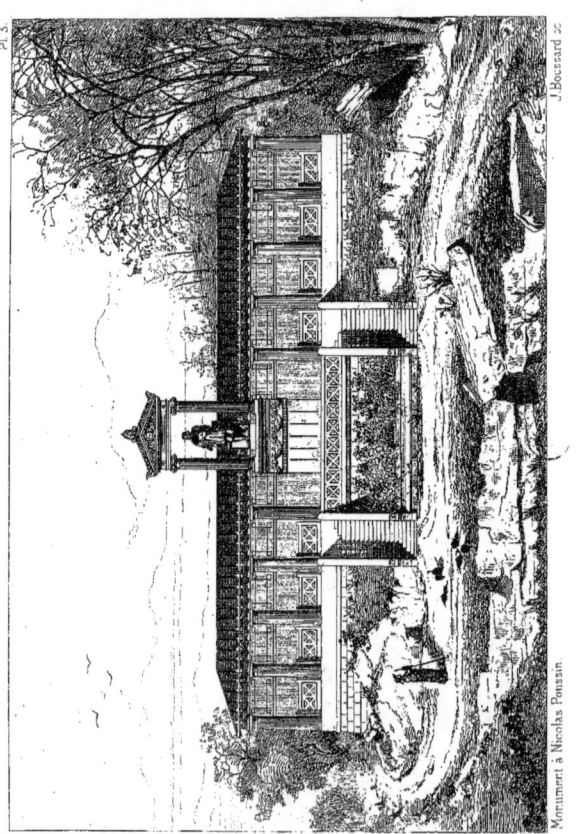

Monument à Nicolas Poussin.

Mr CH. DUPREZ (1801).

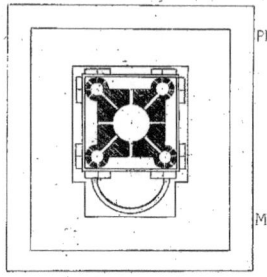
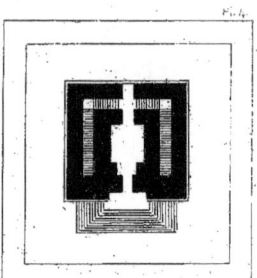

Plan de Pl. 2.

M. GUADET
(1858)

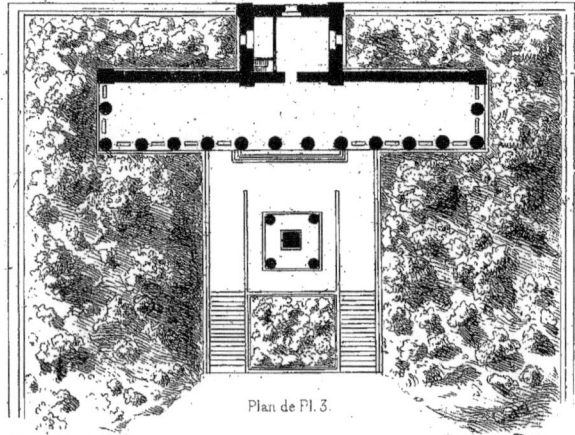

Plan de Pl. 3.

Plans Pl. 2 & Pl. 3. A. Guillaumot fils sc.

M. CH. DUPREZ (1860).

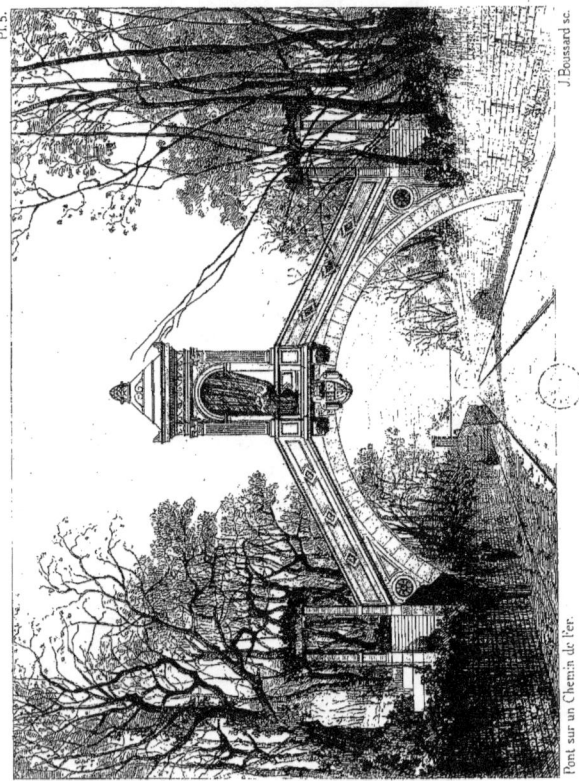

Pont sur un Chemin de fer.

Mr E. VAUDREMER (1852).

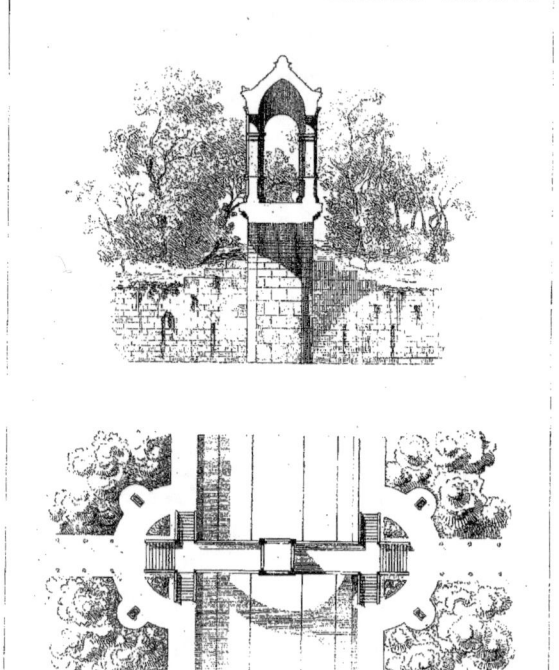

Pont sur un Chemin de Fer. — M. E. VAUDREMER (1852). — J. Boussard

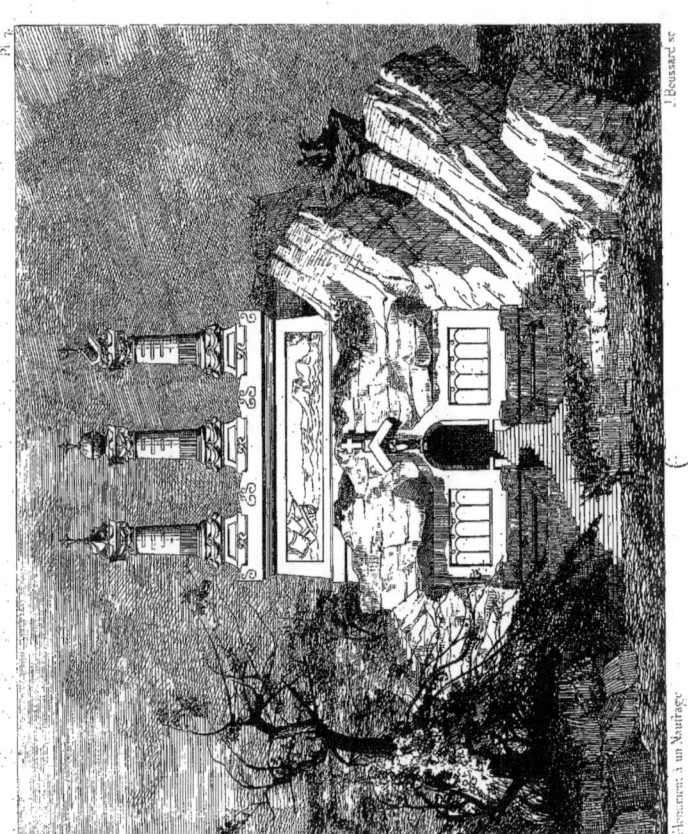

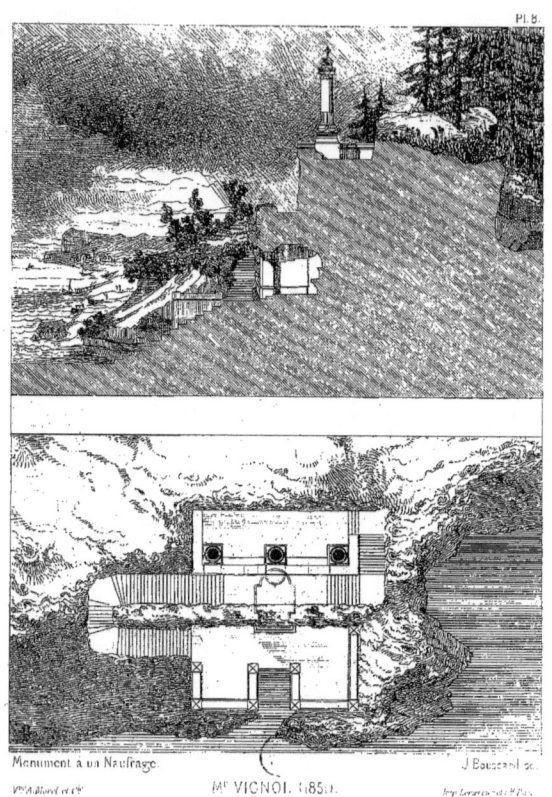

Monument à un Naufrage — M. VIGNOL (1850)

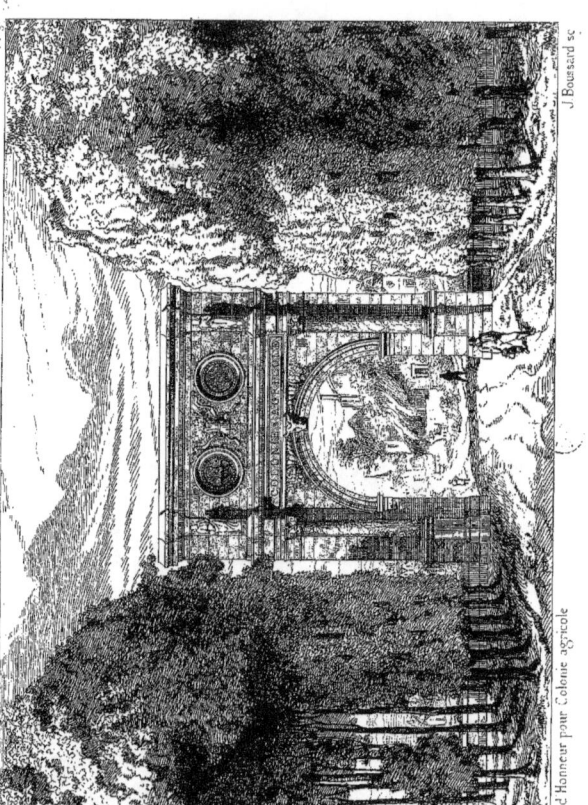

Arc d'Honneur pour Colonie agricole

M. DAVIOUD 1845.

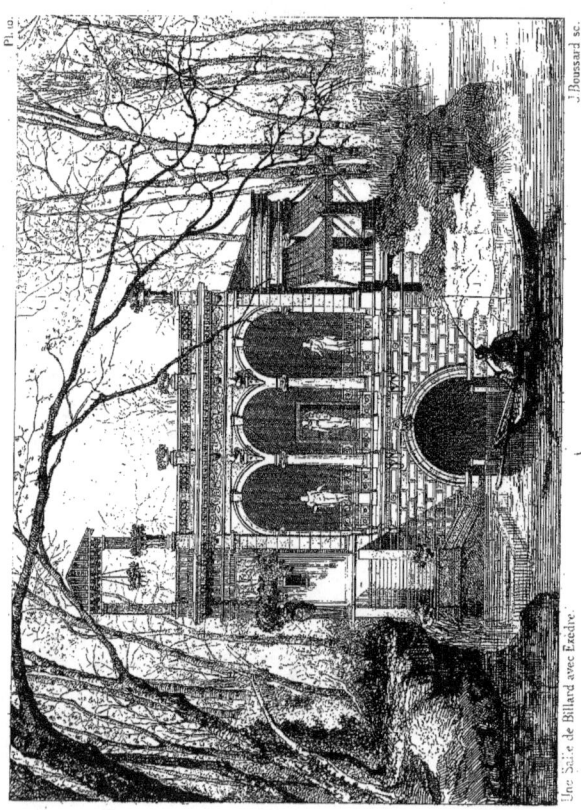

Une Salle de Billard avec Exèdre.

M. PAULIN (1857).

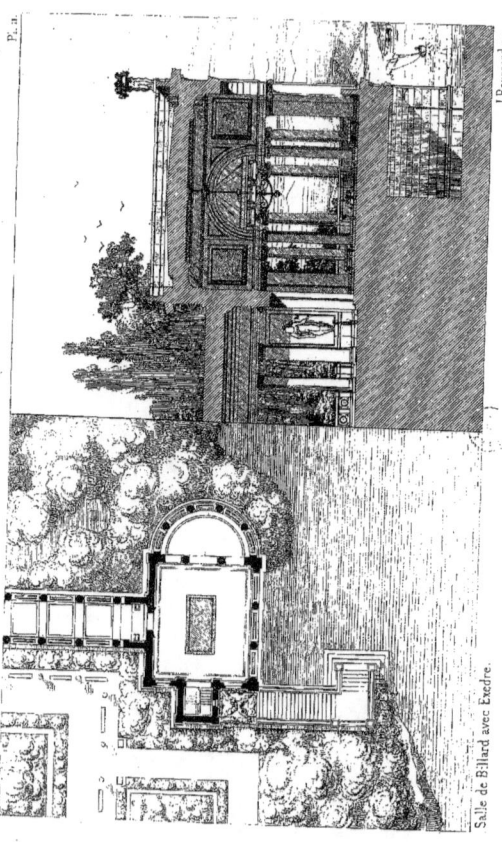

Salle de Billard avec Exèdre.

M. PAULIN (1867).

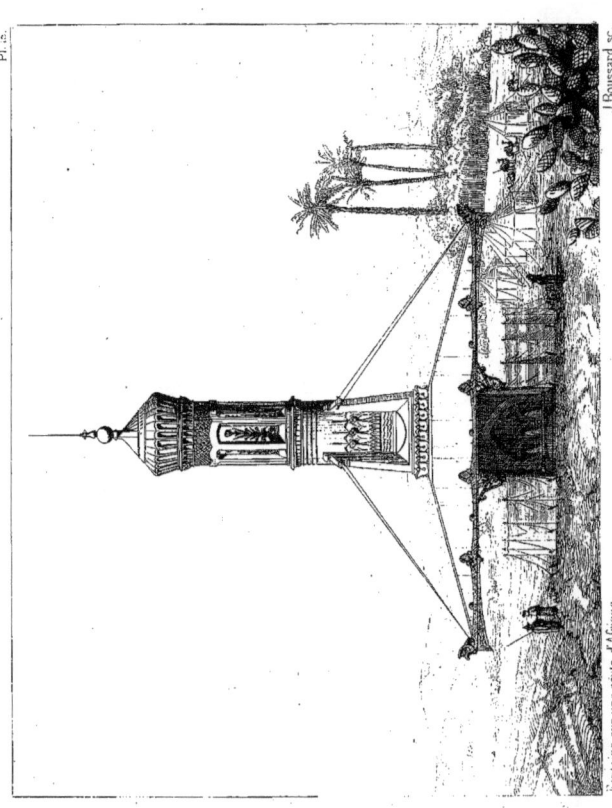

Fontaine sur une route d'Afrique.

MANCELET (1848).

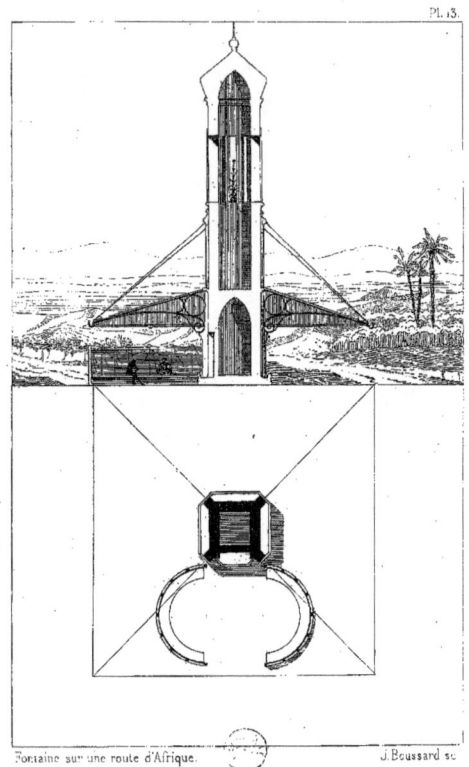

Fontaine sur une route d'Afrique.

M. ANCELET (1848).

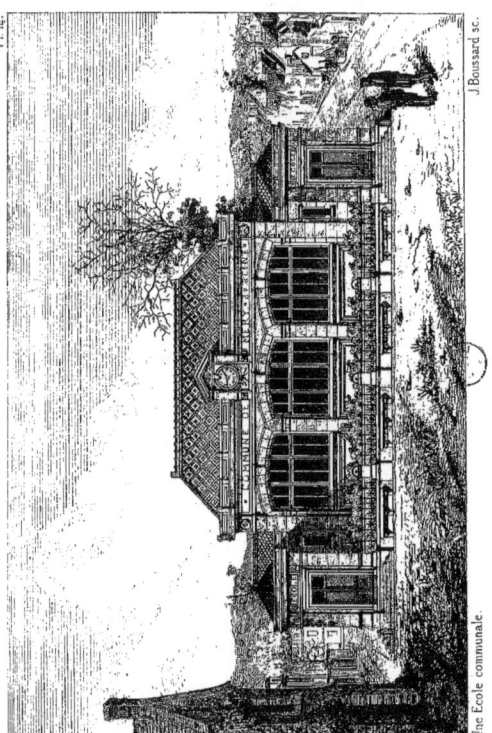

Pl. 4.
J. Boussard sc.

Une École communale.

M⁻ PAMART (1868).

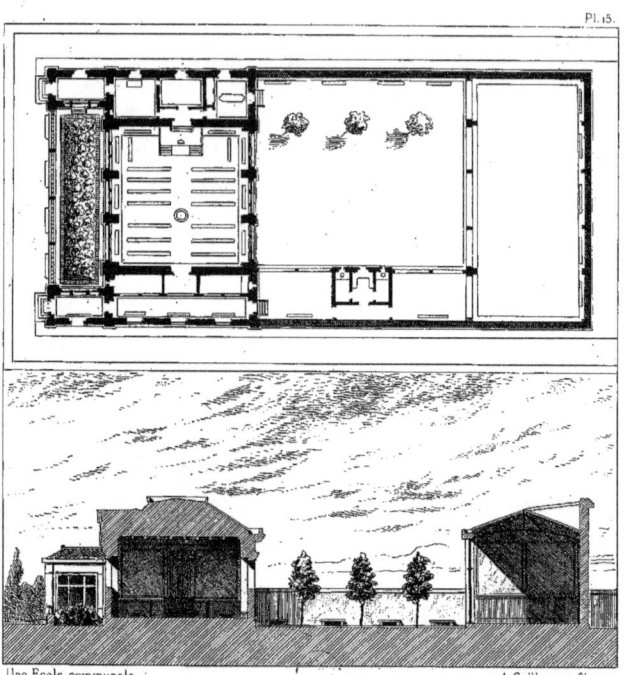

Une École communale. A. Guillaumot fils sc.

M. PAMART (1868).

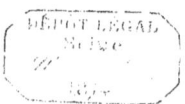

Pl. 6

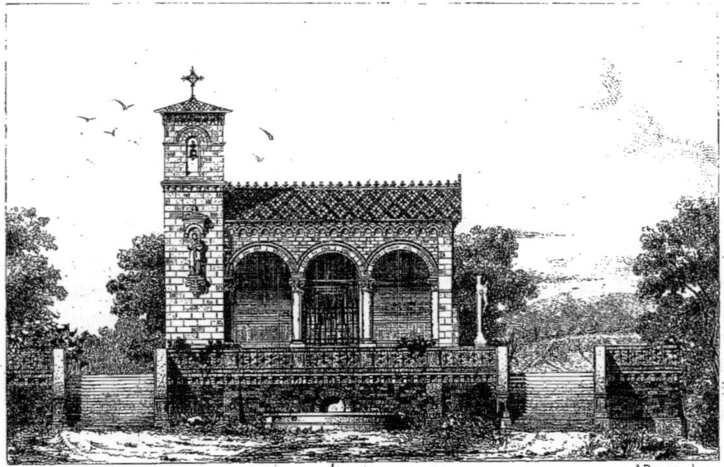

Chapelle sur une Grande Route.

Mr MAUPAS (1867).

J. Boussard sc.

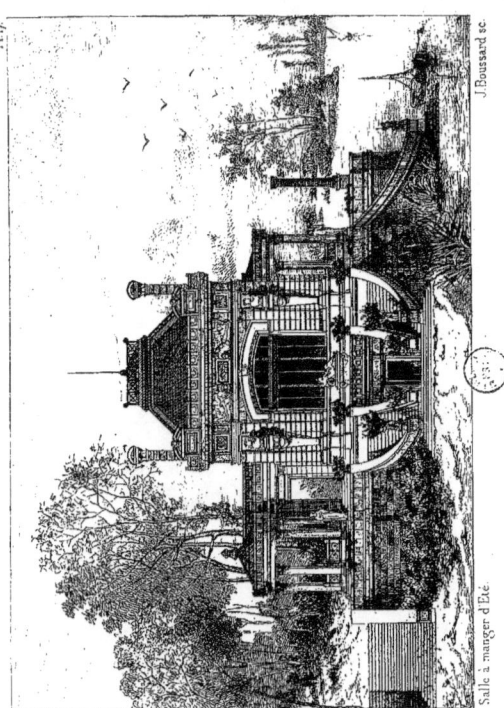

Salle à manger d'Été.

Mr PAMART (1868).

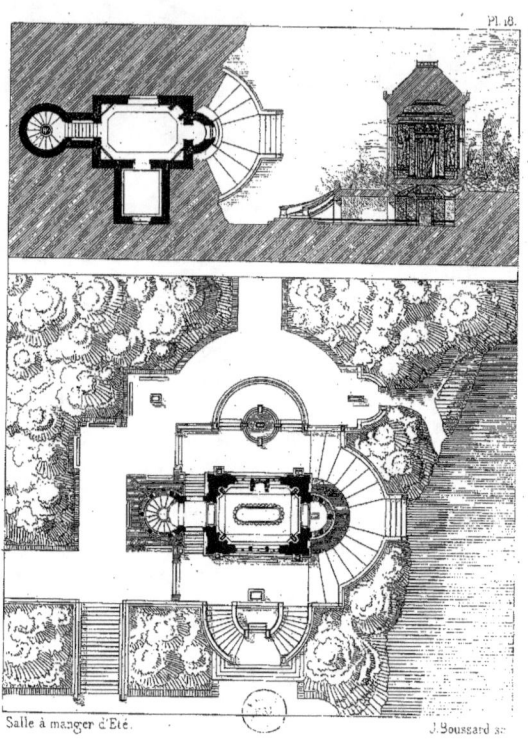

Salle à manger d'Eté.

Mr PAMART (1868).

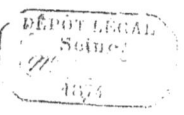

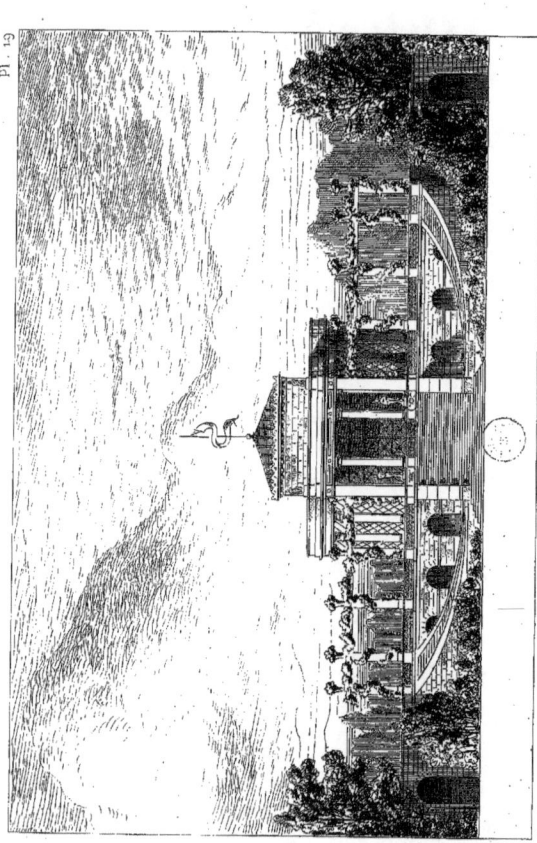

Pl. 19
Rendez-vous de Chasse.
A. Guillaumot fils sc.
Mr A MOREL et Cie Éditeurs
Mr BALTARD 1827.
Imp. Lemercier et Cie Paris

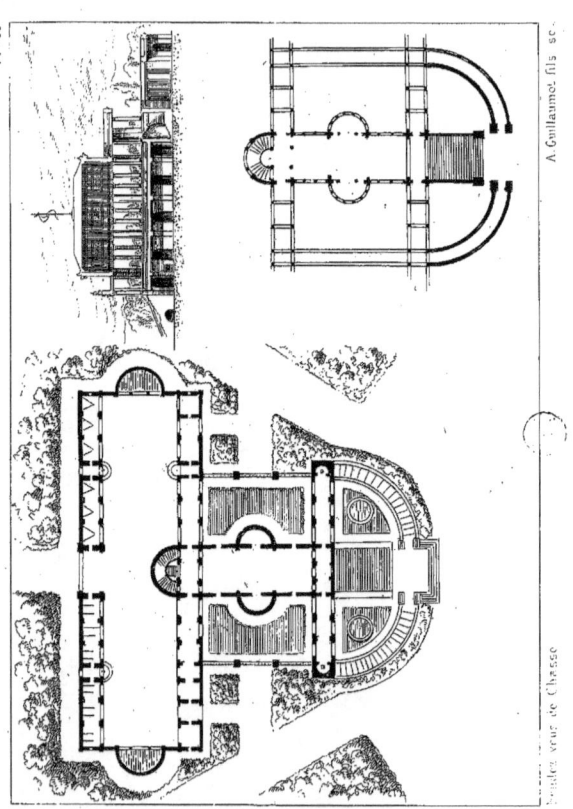

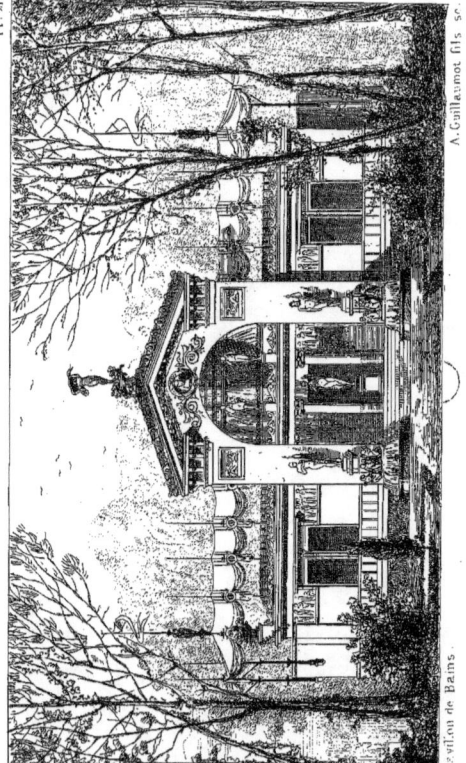

Pavillon de Bains.   Pl. 21.
A. Guillaumot fils sc.
M. LAMBERT (1872)

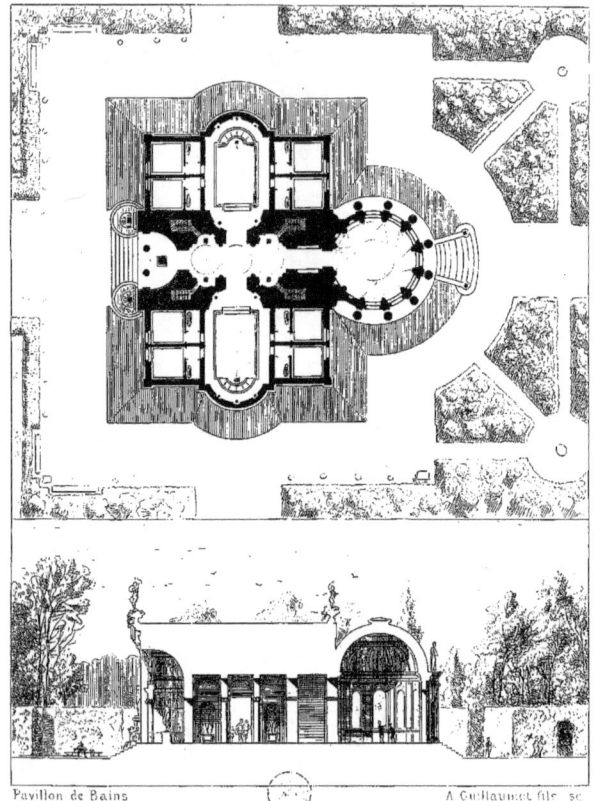

Pavillon de Bains

M. LAMBERT (1872)

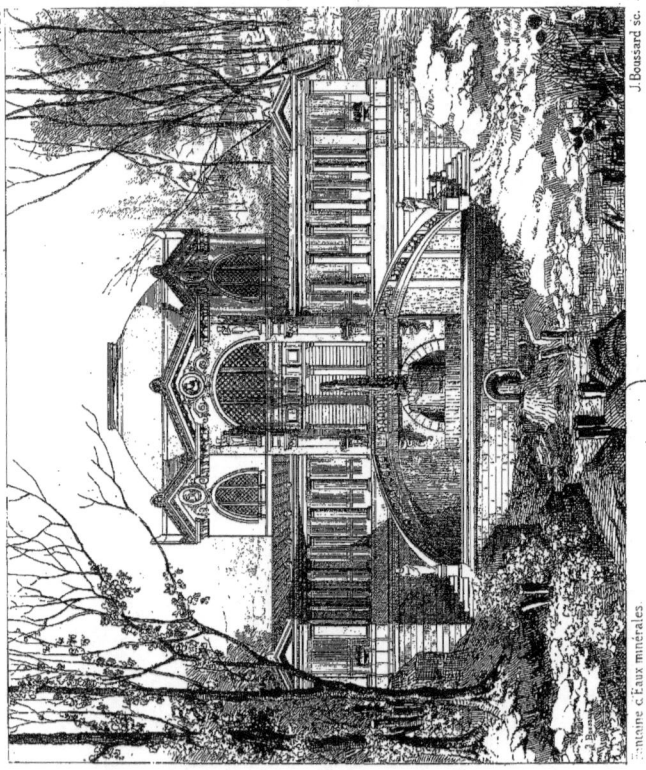

Fontaine c. d'eaux minérales
MOYAUX 1858
J. Boussard sc.

Pl. 24

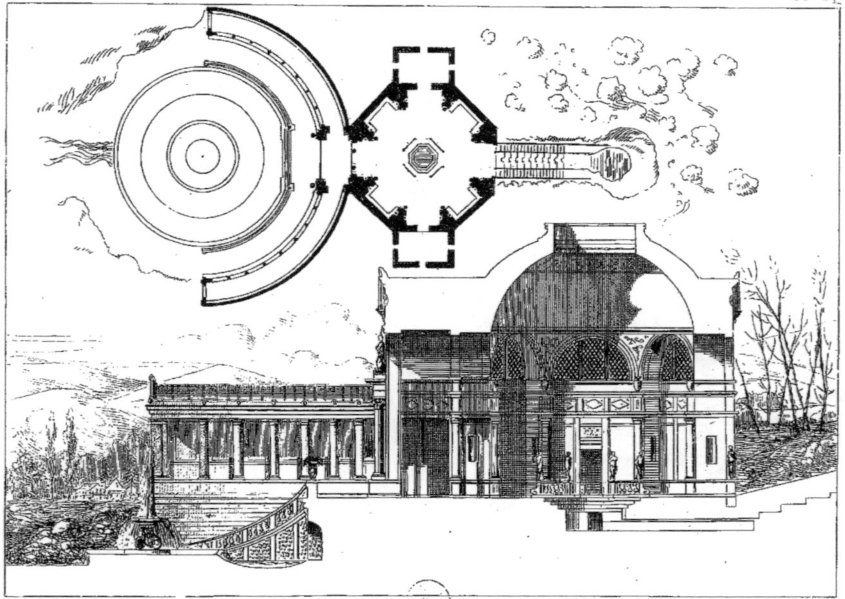

Palais d'Eaux minérales

M. MOYAUX (1858)

A. Guilbaume fils sc.

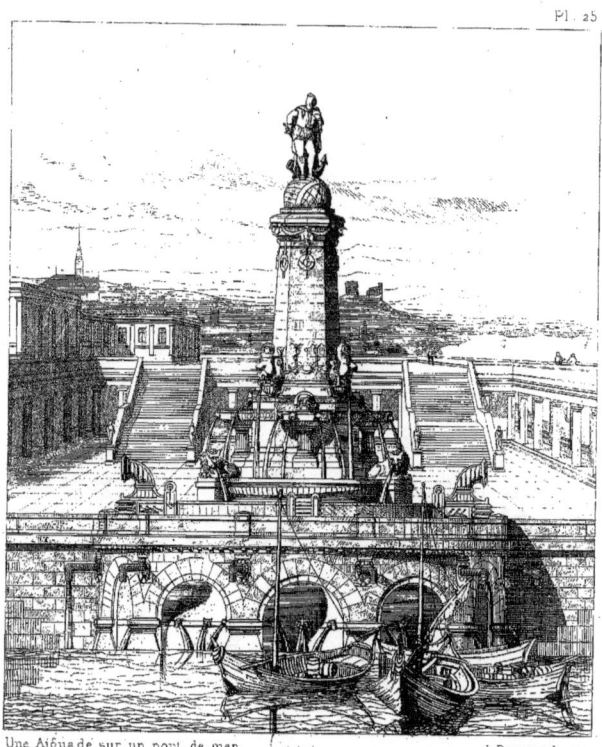

Une Aiguade sur un port de mer   J. Boussard sc.

M. VIONNOIS (1869)

Vᵉ A. MOREL et Cⁱᵉ Éditeurs   Imp. Lemercier et Cⁱᵉ Paris

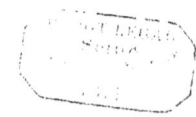

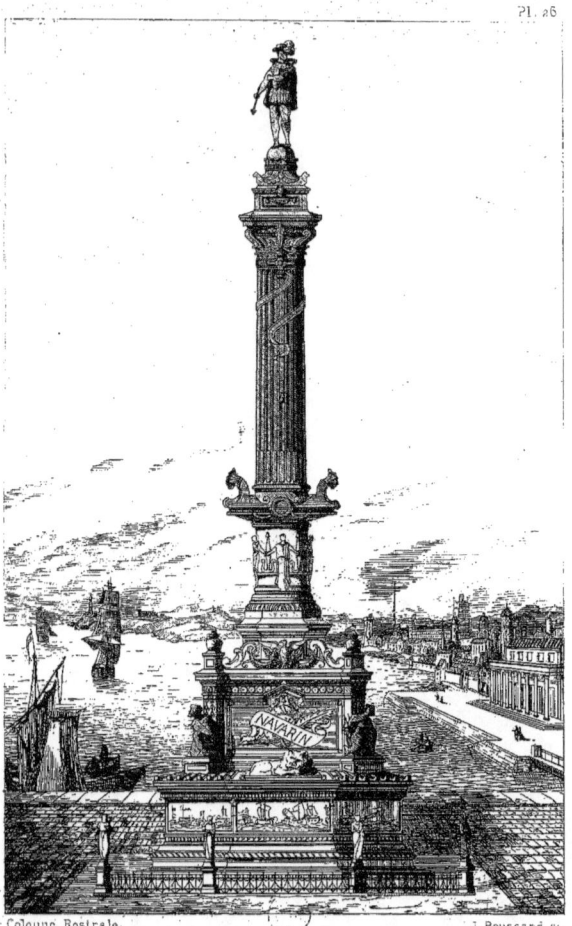

Colonne Rostrale.   J. Boussard sc.

M. H. MAYEUX (1869)

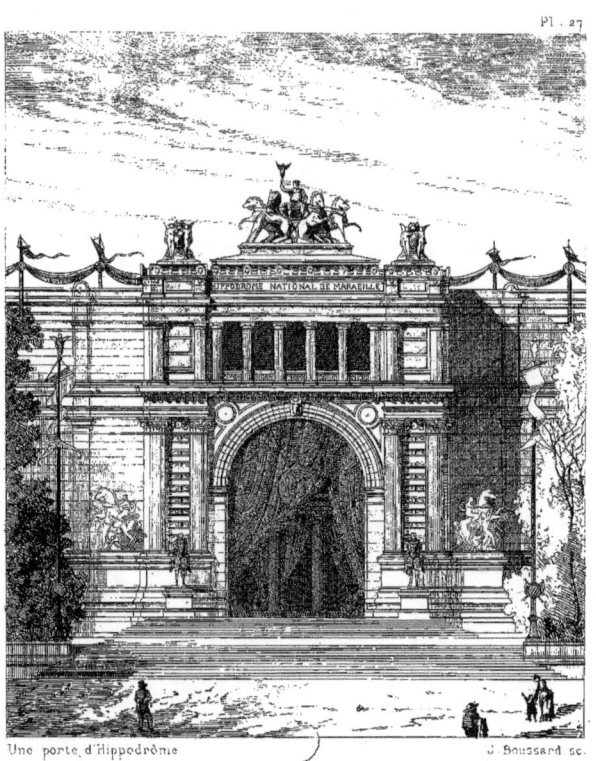

Une porte d'Hippodrome.   J. Boussard sc.

M. PAULIN (1870)

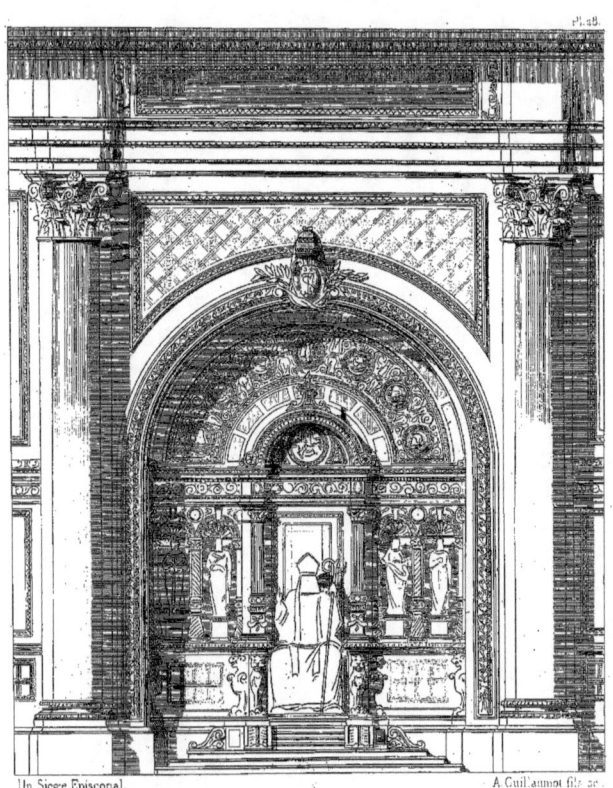

Un Siège Épiscopal.

Mᵍʳ TH. DAUPHIN (1873).

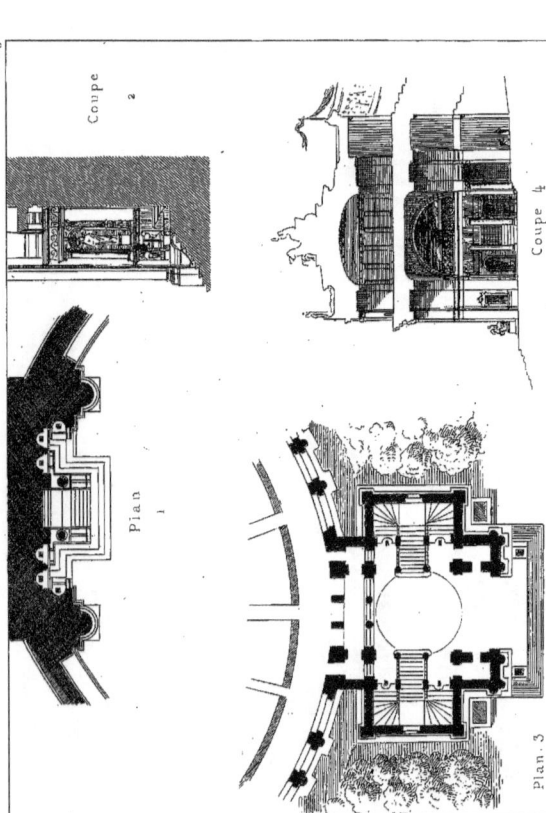

Décoration de Cheminée

MANSARD (1700)

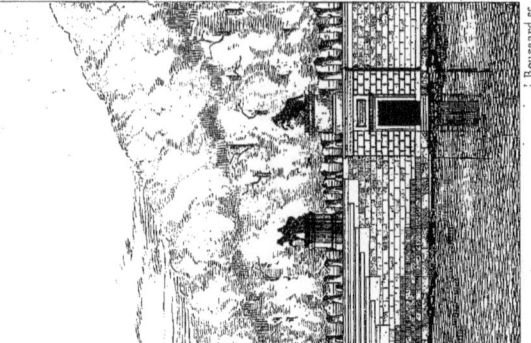

Pl. 32.

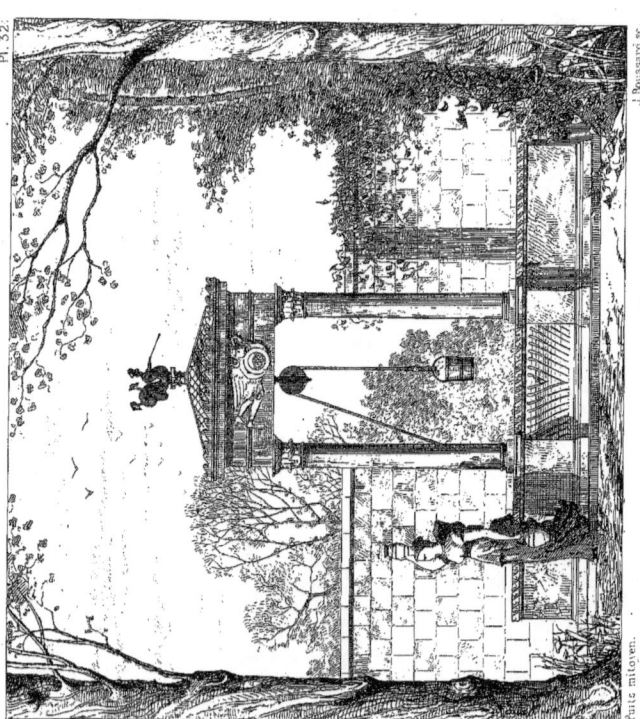

Puits mitoyen.

E. GILBERT (1817).

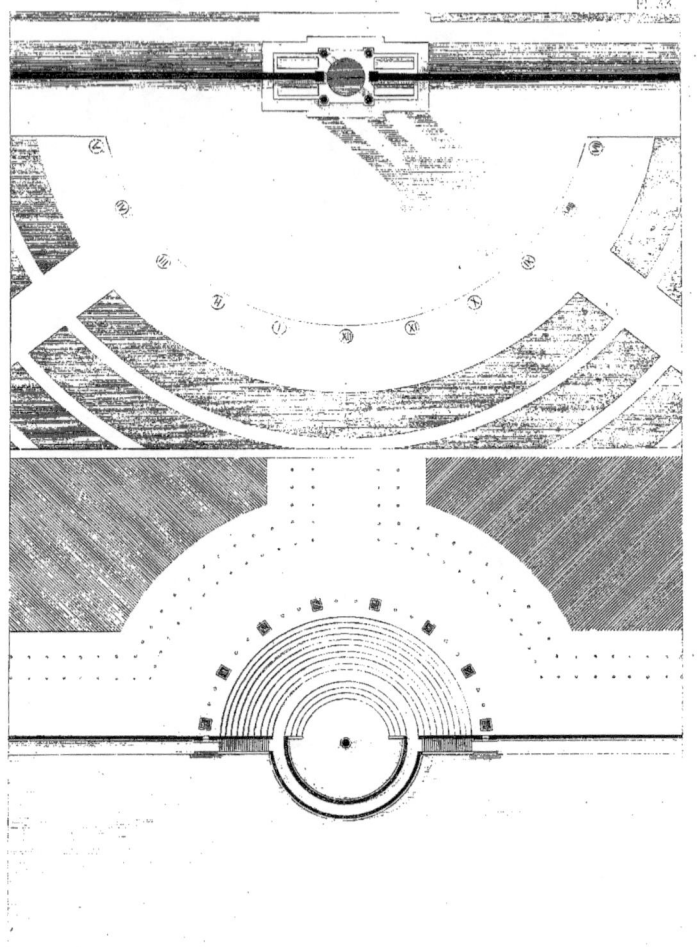

Abreuvoir et Puits mitoyen.

Une Volière

Mr DIET (1851).

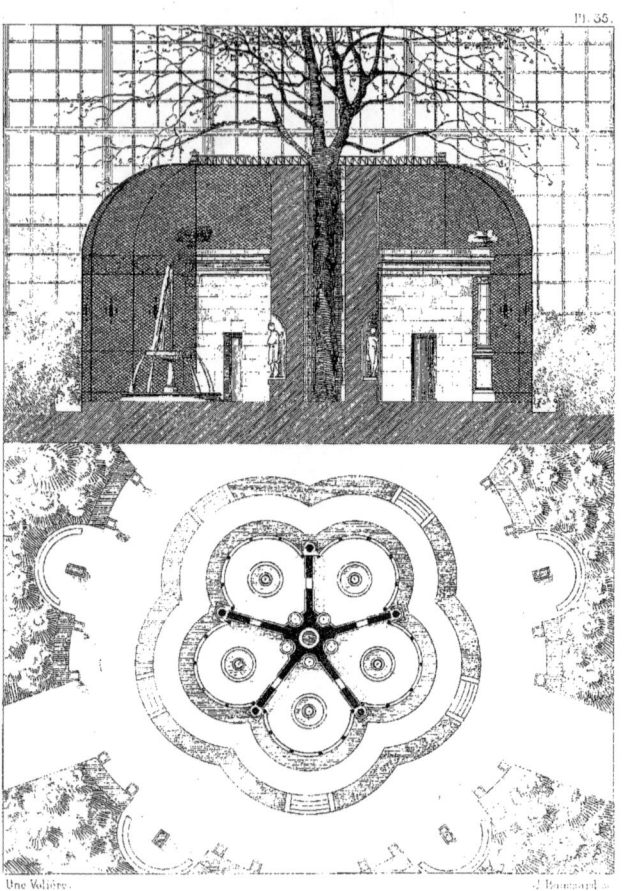

Une Volière.

M. DIET (1851).

Fontaine à Corcyre.

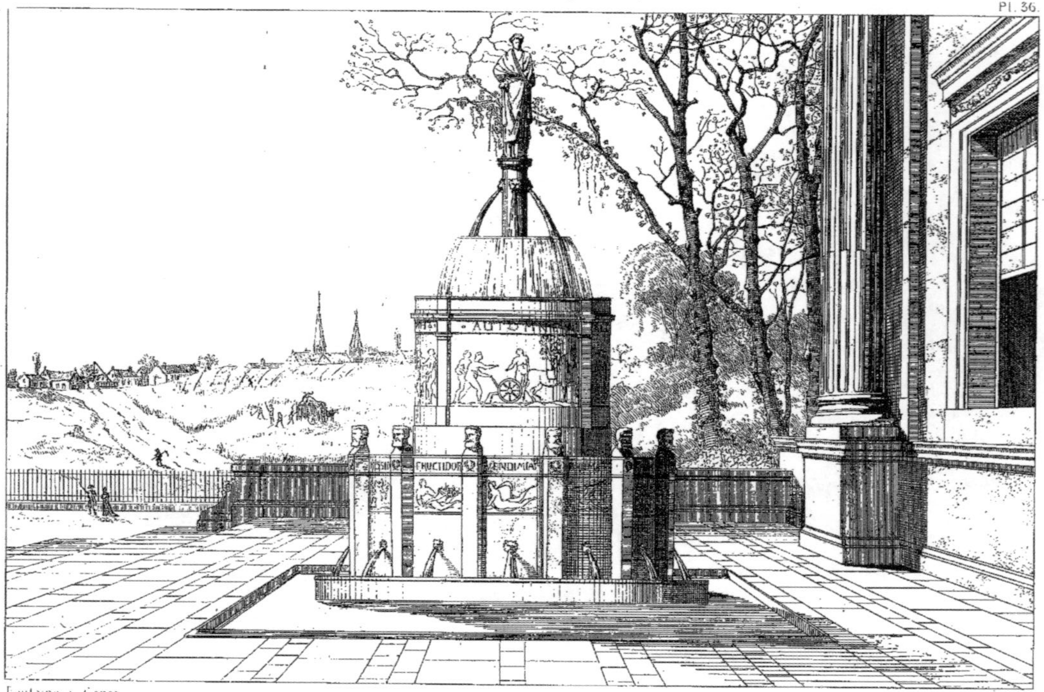

Vᵉ A. MOREL & Cⁱᵉ Éditeurs

LEBAS (1802)

Pl. 36

J. Boussard sc.

Imp Lemercier et Cⁱᵉ Paris

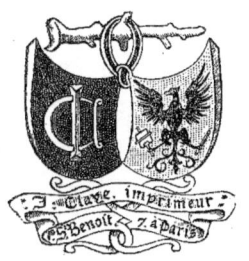

www.ingramcontent.com/pod-product-compliance
Lightning Source LLC
Chambersburg PA
CBHW070202230526
45471CB00002B/777